사랑했기에

서문완 시집

사랑했기에 이튼시인선 149

서문 완 시집

아든북

서문

은혜와
사랑으로
살아갑니다

2024년 가을
서문 완

|차례|

서문 5

제1부

바람 타고 옵니다 … 13
황금 단풍 … 14
꽃이 오네요 … 15
겨울나기 … 16
새들의 노래 … 17
외출 … 18
마음을 아는 듯 … 19
황톳길 … 20
한여름 … 22
사계목련 … 23
오랜만이에요 … 24
황혼의 별 … 25
바람아 … 26
별목련 … 27
꽃 이름 … 28
맑은 날 … 29
둘이에요 … 30
하늘에 … 31
님아 … 32
그 이름 … 33

제2부

봄맞이 … 37
금낭초 … 38
봄나들이 … 39
숲길에서 … 40
꽃무릇 … 41
나 … 42
가을 사랑 … 44
가로수 … 45
옛정 … 46
얼음새꽃 … 47
나도 봄이고 싶다 … 48
꽃길에서 … 49
수락폭포 … 50
물망초 … 51
가을 일기 … 52
계절의 소리 … 54
내 인생 … 55
친구 … 56
그리움 … 57
마음의 창 … 58

제3부

> 꽃길 … 61
> 오늘 … 62
> 물보라 … 63
> 머물고 싶다 … 64
> 민들레 … 66
> 솔숲에서 … 68
> 함박눈 내리던 날 … 69
> 영춘화 … 70
> 봄날 … 71
> 그림자 … 72
> 사랑했기에 … 73
> 꽃처럼 … 74
> 상사화 … 75
> 석류 … 76
> 이나무 … 77
> 삶 … 78
> 보슬비 … 79
> 수련 80
> 꽃말이 좋아서 … 81
> 때죽나무 꽃 … 82

제4부

흘러가는 것 … 85
옛길 … 86
금사철 … 87
공작단풍 … 88
밤송이 … 89
눈이 내리네 … 90
산수유 … 91
럭키 라일락 … 92
수련 꽃을 보며 … 93
바다 위의 산책로 … 94
구봉정 … 96
마음씨 … 97
풍경 … 98
들국화 … 99
산이 좋아 … 100
물길 따라 … 101
가을 … 102
뇌졸중 … 103
봄바람 … 104
하얀 발자국 … 105

제5부

마음 … 109
작은 꽃 … 110
맨발 … 111
꽃샘추위 … 112
화창한 그 날 … 113
산성을 향하여 … 114
그날 이후 … 116
대둔산에 가다 … 117
두꺼비 … 118
세심정에 오르다 … 120
동학계곡에서 … 121
찔레꽃 향기에 … 122
가을 다람쥐 … 123
꽃동산 … 124
예지원 민들레 … 125
나 홀로 … 126
여름 산 … 127
동행 … 128
목필 글씨 … 129
행복 … 130

작품감상 |배인환 시인| 시집 『사랑했기에』를 읽고 … 131

제1부

바람 타고 옵니다

하늘 구름이
낮아진 낮

단풍잎 사이로
바람을 타고

겨울이 온다
첫눈이 내린다

소복이 눈이 쌓이면
하던 일 멈추고

달려갈 곳 있는
나

설렘의 그때 그날이
살아옵니다

황금 단풍

하늘 가린
금빛 단풍

지는 잎새
마음을 스치고

바스락
발걸음에 화답한다

한 세월
살고 지며

내 인생에
나이테 새겨놓고

봄날 초록으로
새롭게 오겠노라

바스락바스락
웃고 가네요

꽃이 오네요

입춘 지난
상완 초순에

복수초 얼음새꽃
방긋이 웃고
영춘화 금빛 꽃
생글생글 반겨줍니다

해 아래
봄까치꽃
무리지어
별빛 품어 반짝반짝

세월은 달려가고
꽃이 이어 옵니다

겨울나기

도심 천변
가로수 목련
꽃망울
몽우리
하늘 우러러
해와 달
별빛을 사모하여
겨우내
시를 쓰고
밤낮
새봄 그리워
자작시를
낭송하는
네 모습
하얀 마음
지니고 싶다

새들의 노래

벚꽃 만발한
봄날
이산저산이
나를 부른다

낙원에 살고 있는
뻐꾸기 딱따구리
뭇 새들의 사랑노래
감미롭다

마음 즐거워
나도 한 소리
도. 쏠. 라 외침에
메아리 없고

봄 산
새들 노래
청아하다

외출

꽃피는 계절이면
네잎클로버
초원에서 찾았고

럭키라일락
수목에서
봄 향기 누렸습니다

오늘은 네다섯
예닐곱 잎 개나리꽃
마주보며 헤아렸으니

한 아름
노랑꽃 품고
꽃길에 산다

마음을 아는 듯

너와 나 인연으로
내 앞에 저 멀리
네가 보인다
빨간색 아름다워
가까이 더 가까이
곁에 다가가
마주 본다
반가운 표정이다
살며시 웃는다
마음을 읽은 듯
활짝 웃는다
향기 지녀 더욱 예쁘다
붉은 꽃 장미

황톳길

계족산 산허리
한 바퀴
둘레 길에

황토 심어
걷기 좋은
명소 되고

온누리 만민이
찾아들어

맨발로 걷고 걸어
치유하고
웃음꽃 피우는 곳

걷고 걸으면
온몸이
아름다워지는 길

산새도 좋아라
노래 부른다

한여름

하나 매미가
진동 막 열어
선창한다

숲속 이웃 매미
동참하여
합창한다

음색은 달라도
한마음
열창이다

사랑
사랑을 위한
고백이란다

사계목련

봄부터
피고 지고
사계절
피고 지는
우아한 꽃
피고 지고
지고 피는
적목련
사철 보아도
봄꽃처럼
아름답다
밤이슬
머금어
더욱 예뻐
눈에
담고 싶다
제니, 제니

오랜만이에요

천태만상이
저마다 지닌
특성이 있어 좋다

백년에
한번 핀다는 꽃

고구마 밭이랑
무성한 잎 사이
예쁜 꽃 한 쌍

세상 향하여
온몸 나팔로
연주를 하고 있다

벌 나비 부르는
간절함으로

고구마 밭은 많아도
좀처럼 보기 드문
고구마 꽃

황혼의 별

있으면 있는 대로
없으면 없는 대로
권하면 듣고
행함이
마음 화평한
나이에
이르렀으니
입술 적게 열어
침묵하며
귀는 열어
듣고 삶이
현명한 비결이라
작은 미소로
마음 열어 산다

바람아

미풍도
강풍도
나래 없이

시원하게
때로는
따뜻하게 다가오는

온누리 강산에
네가 있어
생명 누려 산다

사철엔
계절풍
만물이 호흡하고

갈바람에
오색 단풍
웃고 간다

별목련

하늘을 향한
꽃망울
목필

한겨울
칼바람 눈비 맞으며
글을 쓰다가

봄바람
햇살에
몸집 키워

날빛
별빛 먹고
피는 네 모습

밤하늘
뭇별
별을 닮았네

꽃 이름

산기슭
초원에
하늘 향한 봉오리
꽃봉오리 아름다워
마주하여 살펴보니
먹물을 머금은
크고 작은 형상
붓을 닮아
네 이름 붓꽃
붓꽃이구나

맑은 날

깊은 계곡
청량한 물소리
가슴을 두드리며
물처럼 살라한다

산새소리
사랑노래
마음에 속삭이며
즐겁게 살라한다

꽃향기
바람 따라
몸을 스치며
향기롭게 살라한다

둘이에요

반가운 사람
동학계곡 옛길에서

안녕, 안녕하세요
혼자 오시었어요

아니에요
함께, 함께 왔습니다

두리번두리번
주변을 살핀다

가슴에 품고 다녀
둘이랍니다

하늘에

모습을 숨긴
화가는
거대한 화폭에
그림을 그린다
서편에
노을빛 채색하고
동편 하늘에
색동
무지개 그린다
오늘도
반쪽
무지개는 어디에
그렸는지
찾을 수 없고
보이지 않네

님아

내 삶의 공간
거실 한 벽면에

그림을
그렸습니다

동그랗게 하나
찬란한 빛으로

낮에는 해
밤에는 달이랍니다

낮엔 해처럼
밤엔 달처럼

오늘을
살기 원하여

님아

그 이름

하루 사이
달라진 이름

겨울바람 한 밤 자고
봄바람이라네

산 넘어 물 건너
산천을 누비며

만상을 살펴오는
봄바람 꽃바람

얼었던 마음
살며시 안아주는
그 이름

제2부

봄맞이

이른 아침
이른 아침에

서둘러
서둘러 가자

동산
꽃동산에

봄맞이
봄맞이 가자

내 사랑
그리운 사랑아

봄까치꽃
초롱인다

금낭초

봄
바람이 붑니다
만물이 살아옵니다

싹 트고
움 틔워
청순한 생명으로
산사
돌담 허리
틈새마다
새순 얼굴
새록새록

내 마음을
성큼
불러갑니다

봄나들이

살아온 세월
봄나들이
꽃구경
벌 나비
어울림
아름다웠는데

세상 변하여
꽃만 활짝
벌 나비
어디 갔나
보이지 않아

화폭에
꽃 그림만
그립니다
봄꽃 송이송이
그려봅니다

숲길에서

한여름
명산
깊은 계곡
산새
뭇 새의 경연에
맴맴
매미의 협연이다
여름 한 철
새와 매미
어울림
메아리가
더위를 날린다
이 순간
이곳이 낙원
삼복에
머물고 싶은
곳입니다

꽃무릇

은구비 두루봉
솔숲에

군락 이룬 석산
가을 한철 보았는데

살다 간 그 자리
상사초
새 삶을 누립니다

한겨울 초록으로
월동하는 생명

꽃바람 봄날에
네 모습 맞으리라

나

나
나는
지금
어디쯤에
있을까

걷고
뛰고
달려왔으니
종점은
분명
가까이 있으리라

내 인생
봄 여름
가을 지났으니
머지않아
눈송이 되어

나는
가리라

가을 사랑

강물은 유유히
드높은 하늘
구름도 흐름이여
바람은 갈잎을 스치고
들꽃은 한들한들

둔치
물빛누리길
걷고 있는
내 마음은
춤추는 나빌레라

갖은 시름
단풍에 실어
평안을 누림이여
흰 구름
강물처럼

가로수

나 어렸을 때
자동차가 다니던 길
신작로라고 했다

그 시절
가로수는
미루나무

젊은 날엔
벚나무
꽃길을 걸었다

세월 가고 변하여
소나무
가로수길 걷는다

하얀 겨울
상록수
솔 아래 넓은 길

옛정

그대와 나
나 그대는
한마을 울타리 이웃
옷자락 스치며
멀고 먼 통학 길
한 책상 자리
절친한 벗으로
무지개꿈 이루고
살아온 인생
오랜 세월
오가는 거리 먼 곳에 있어
옛 추억
향수에
나
그대를
그리워 그리워합니다

얼음새꽃

마음이 성급한 자여

따스한 봄은
아직 멀리 있는데

여린 얼굴 황금빛
얼음새를 밝혔느냐

너를 보는
내 마음 설렌다

나는 지금
겨울옷 차림인데

나도 봄이고 싶다

얼음새꽃
선두로
봄꽃이 오니

나도
봄이고 싶다

산과 들
동산에서

꽃과
일상
사귀다 보면

나 또한
꽃마음 되리라

꽃길에서

봄꽃
형형색색
무지갯빛 색깔
곱게 피었습니다

허전한 남자
라일락 향기에
이끌리어

보랏빛
수수꽃다리
온몸에
얼굴을 묻고

천혜의 향
그 숨결
심호흡으로
하얀 가슴을 달랜다
화창한 봄날

수락폭포

수려한 절경
하늘은 쪽빛
숲은 초록이라 좋은데

수락 물보라
그대와 나는
하얀 마음이라서 좋다

우리
이대로 살아가자
이대로 살아가자

물망초

꽃
꽃이
피었습니다

쪽빛 얼굴
품에
안아봅니다

쪽빛사랑
꽃잎은
초롱이는데

마음은
오직 눈물
가슴이 운다

가을 일기

인생은
보고
듣고
말할 수 있어
행복인 것을

그 중에
하나
정상이 아닌 순간
고생이더라

평소
소중함 잊고
살았던
나
어제 오늘이 다른데

홍단풍 잎새는
봄가을

일상
영롱한 빛이네

계절의 소리

산 좋아
숲길 걷는다
생물이 공존하는 곳
봄이 오면 산새
여름 한철 매미
가을 풀벌레소리
겨울이면 사박사박
발걸음
메아리
내 마음 깊은 곳
회오리 일어
숲길 걷는다
일상의 소리
나를 부른다

내 인생

살다보면
아픔이 있더라

마음이 아프면
몸도 아파지더라

나만 그런 줄 알았는데
모두가 그렇더라

살다보면
이것이 인생이더라

오늘도
마음 다스려 산다

친구

아카시아
꽃내음 호흡하며

잎줄기 꺾어들고
가위바위보

한 잎 한 잎 떼어내며
꽃동산 구름계단 오르던 님아

강 건너 멀리
꽃섬에 가면

만날 수 있는 그날 있지만
그리워 보고 싶다

맑은 눈빛 그 모습
꿈에서라도

그리움

세월 흘러
지난 날
젊음이 그립다

만나면
좋았던 사람들
함께 있으면
행복했던 사람들

좋아한 사람
하나 둘 안 보이고
사랑한 사람
하나 둘 어디로 갔나

살아온 세월
그때 그 모습
젊음이 그리워진다

마음의 창

햇빛
찬란하고
달빛
은은하며
별빛
초롱초롱

우리 몸의 눈은
마음의 창이라

내 인생의 겨울이
다가와도
나는
밤하늘
별이고 싶다
초롱초롱

제3부

꽃길

꽃이 있어
꽃길이네

개나리
진달래
벚꽃 만발하여
봄꽃
꽃길이네

너도나도
모두 나와
맑고 밝은 꽃을 보며
봄꽃
꽃길을 걷고 있네

우리
살아가는
인생길도
꽃길이었으면
좋겠네

오늘

오늘은
내게 주어진
선물이다

오늘이
있어
행복한 것

오늘 지나면
새날
오늘이니

내 인생
날마다
오늘을 사는 것
하루가 간다

물보라

심산계곡
맑은 물

청아한
물소리

춤추는
흰 물결

내 마음
물보라

흐르는
물처럼
살자한다

머물고 싶다

여름 숲
푸른 심산
청량한 낙원에
보금자리
둥지 틀어

먹을 것
입는 것
탐심 없는
크고 작은
산새들

모습
소리 달라도
즐겁게 노래하며
어우러져 사는
행복이여

만 가지 산새소리

마음 즐거워
나
여기 낙원에
머물고 싶다

민들레

산야에
초록빛
녹색이 살아오면
봄볕
양지엔
선을 보인
민들레 노랑꽃

봄부터 가을
이어 피고
피고 지는 민들레
홀씨 되어
두둥실
시집가네

땅 하늘에
강한 생명력
민들레 민들레야
겨울 가고

봄나들이
산야에서
다시 만나리

솔숲에서

숲이 몸짓으로
나를 반긴다
하늘 가린 솔숲
솔향
솔솔
가슴에 심어
내 한 몸
솔숲
삶의 향기로
지니고 싶다
솔숲에 있으니
어머니 함께 살던
옛집
한옥 생활
그리워진다

함박눈 내리던 날

만인산
태봉 아래
봉이호떡
순서를 기다리는 긴 줄서기

빚어 누르고 뒤집어
뜨겁게 구워낸 호떡

입김 호호 불어
맛스럽게 먹어보는
한겨울 봉이호떡
그 이름도 정겨워

영춘화

봄기운 성큼 서둘러 피는
봄의 전령사

잎보다 꽃이
먼저 피었습니다

마디마디 피는 통꽃
여섯 꽃잎 노란 꽃

봄을 마중하며
꽃을 보고 설레는 마음

이미 내 안에 꽃은
들어와 있었나 봅니다

봄날

꽃바람
꽃눈 내리는
신록의 숲길

걷고 걸어요
새소리 바람소리
발걸음 사박사박

인생 시름
날숨으로 날리며
걷고 걸으면

마음에
봄꽃
들숨으로 들어와
곱게 핍니다

그림자

밝은 햇빛
나 하나
그림자 하나

발걸음
몸짓 따라
동행하던 그림자

밤거리 불빛
나 하나 한 몸에
그림자 하나가 아니네요

많아졌다 적어지고
길어졌다 짧아지는
침묵의 그림자들

그중에
어느 하나
내 마음 닮은꼴
그림자일까

사랑했기에

몸도
마음도
생활 모습도
아름다웠던
님아

세월 흘러
지금은 밉다

나보다
먼저
가고 없는
그 하나
때문입니다

꽃처럼

꽃은
고통이나 슬픔
괴로움은 없나봐

한결같이
방글방글
생글생글
아름다워

행복한 꽃을
보고 있으면

꽃으로 피어
벙글벙글
꽃으로 살고 싶어
싱글벙글

상사화

잎과 꽃
한 뿌리
한 몸인데

꽃 피어
아름다울 때
잎은 사라져

서로 볼 수 없는
꽃무릇
상사화

우리 사랑
언제까지
그리워해야 하나

잎은
지고 없으니
상사화로 산다네

석류

해 뜨는 집
석류꽃
곱게 핀 자리

동글동글
주렁주렁
열매 맺어

가을햇살
밤이슬
갈바람에

노을빛 석류
탱글탱글
탐스러워

이나무

오가며
자주 보는 나무
이 나무 이름 몰라

잎새
열매에게 물어본다
침묵이다

나무에게 물어도
알면서
그러는 줄 알고
말이 없던 나무

그 이름
이나무 라네
붉은 열매
주렁주렁 아름다워

삶

하늘 한자락 노을
동산에
뜨는 해
아침노을을 본다

최선을 다하여
성실하게
하루를 산다

저 멀리
서산에
지는 해
저녁노을을 본다

인생 한자락 순간
오늘 하루
어둠이 오면
석류빛 꿈을 꾸련다

보슬비

보슬비 내려
초목이 춤을 춘다
하늘 누구의 선물인가

해와 달
별들 일가

봄바람 타고 온
구름이래요

꽃동산
민들레 하얀 꽃
아름답게 피워줄 단비

수련

숲속 푸른 댐
맑은 수면에
수련 잎 동글동글
수련 꽃 방글방글

별빛 밤이 오면
꽃받침 품에 안겨
사르르 잠이 든다

사나흘 꽃 피면
살며시 물속에 잠겨

지는 모습 보이지 않는
청순한 꽃

꽃말이 좋아서

민들레 노란 꽃
꽃말은
행복이란다

민들레 하얀 꽃
꽃말은
내 사랑 그대에게 드려요

민들레 하얀 꽃
꽃밭에 심고 가꾸어

내 사랑 그대에게
날마다 전하고 싶다

때죽나무 꽃

낮 하늘에
땅을 향한 꽃송이들

겸손한 자태
은은한 향기
새하얀 꽃이여

다른 꽃들은
피었다
시들어 지는데

너는
그렇지 않아
밤하늘에 별 같은 꽃

제4부

흘러가는 것

구름이 흘러가네
흰 구름도
검은 구름도

물이 흐르네
냇물도
강물도

세월이 흘러
달이 가고
해가 가고

인생도 흘러가네
그 누구도
나도

옛길

옛사람 걸었던
동학계곡 옛길

징검다리 건너
산기슭 오솔길

산새소리 물소리
풍악이 있는 곳

새소리 물소리 좋아
나
오늘도
여기에 있네

금사철

사계절
금빛

한파 견디며
겨울나고

봄날 신록
가을 단풍에도

금빛 고운 잎
금사철

우리 살아가는 모습도
사철
금빛이었으면

공작단풍

공작새 닮아
공작단풍

펼쳐진 가지 나부끼는 잎새
공작새 화려한 깃털 닮았네

인생 황혼
주름지고 일그러지는데

저들의 가을은
곱고 아름다운 단풍이네

밤송이

초여름 밤꽃
가을엔 밤송이
햇살에 영글어
밤송이 가슴 활짝 열고
알알이 갈색 알밤
산들바람 타고 탈출했네
결실한 알밤
한 톨 한 톨 보물 찾은
가을의 수확이
겨울 밤거리
거닐며
군밤 먹던 추억을
새롭게 한다

눈이 내리네

함박눈
함박눈 내려
설경 아름답다

등산길
발자국
하얀 발자국

옛 생각
그리움
잊어라

함박눈
함박눈 내려
발자국 지웁니다

산수유

봄바람
봄볕에

산수유 노란 꽃
활짝 웃어 아름답고

꿀벌 밀원 되어
벌 나비 불러

열매 맺을
준비한다

푸른 열매 맺히면
봄 가고 여름 지나

가을엔 주렁주렁
탐스런 열매 보리라

럭키 라일락

라일락 향기
깊은 호흡으로
가슴에 담았습니다

다섯 갈래 꽃잎
라일락을
찾아봅니다

네잎 클로버
행운의 클로버를
찾는 것처럼

꽃잎에 눈 맞추어
럭키 라일락을
찾았습니다

전설의 꽃은
나에게
럭키 인생이 되라 합니다

수련 꽃을 보며

동그란 수련 잎
연합하여

연꽃 섬
만들었네요

청순한 수련 꽃
피는 꽃만 보이고

하늘 향한
꽃송이

해님처럼
밝은 표정

살며시 다가가
닮아지고 싶어요

바다 위의 산책로

높은 하늘
넓은 바다를 본다

초록바다
물결 위에 조성된
송도 구름산책로

일출
거북섬
갈매기 바닷새

멀리 수평선
하늘에 닿은
바다

파도 위
산책로 거닐며
모든 시름 풀어 날리고

푸른 하늘
잔잔한 파도
가슴에 품어본다

구봉정

구봉산
구봉정은
구각정입니다

아홉 기둥
아홉 각 마루
암반 위 전망대

천만년 살아온 산줄기
생명의 맥 이어온
아홉 봉우리

비상하는
산봉우리 따라
봉황인 듯 날갯짓

마음씨

나의 마음은
세모일까
네모일까
동그란 원이고 싶다

오각기둥일까
육각기둥일까
원기둥이고 싶다

나의 마음은
원뿔일까
육면체일까
둥근 공이고 싶다

원보다
기둥보다
둥근 공이고 싶다

풍경

산새소리 산울림
물소리 졸졸

귀뚜라미 쓰르르
사뿐사뿐 다람쥐

산바람 산들바람
단풍잎 나풀나풀

으름열매 살 오르고
밤송이 때굴때굴

향긋한 솔향기
송편 빚는 엄마손 향기

정겨운 풍경
마음의 화폭에
담았습니다

들국화

정겨운 꽃송이
들국화군락 이루었네

가을 향기 풍기며
가까이 오라 나를 부른다

다가선 모습 보고
미소 지어 반겨준다

정든 표정 웃음으로
포근히 안아주며

글 하나
지어 달라 속삭인다

산이 좋아

산이 좋아
오르고 내리며
걷는다

꽃구경
바람소리
산새소리 즐기고

때를 따라
새로운 아름다움 찾아
마음에 새기며

산이 좋아
오르고
걷고 걷는다

산이 좋아

물길 따라

명산
깊은 계곡
맑은 물

바위 돌 스친 흰 물결
흥겨운 음률에
트위스트 춤춘다

하천
강
바다 향한 여정

물소리
물길 따라
동행하고 싶다

가을

깊은 밤
나 하나
그림자 하나

올 사람 없는
고요한 시간

스르르 스르르
쓰르르 랄랄라

귀뚜라미
귀뚜라미

이 한밤
친구 되어
노래 불러주겠단다

스르르 스르르
쓰르르 랄랄라

뇌졸중

말이 어눌하다
작은 뇌졸중
의학적 정밀검사 결과란다
빨간 경고등이 켜졌다

긍정의 마음으로
통원치료를 받는다

그날 이후
발걸음 행보에
아 오 이 에 우
재활을 위한 소리내기 훈련이다
이제는
음성도 언어도 회복된 생활

아 아름다워야 할 내 인생
오 오늘
이 이 모습으로
에 세상에 살아 있음은
우 우연히 아니네요

봄바람

오늘도
한 걸음 한 걸음
봄을 향하여 걸었습니다

어제처럼
그 곳에 왔는데
그대는 보이지 않아

숲속에서
내 모습만 은밀히 보고 갔나봐
아, 얄미운 사랑

그래도
나는
내일 다시 올 거야

그대
보고파서
다시 올 거야

하얀 발자국

눈이 내린다
함박눈 내려 수북이 쌓인다

설경 아름다운 둘레길 걷는다
하얀 발자국

예전엔 나란히
보기에 좋았는데

오늘 걸음엔
나 홀로 발자국

그리움 잊어라
함박눈 내려 발자국 덮는다

잊어라
발자국을 덮는다

제5부

마음

내 마음
누가 알랴

하늘이 알고
땅이나 알가

아무도 몰라
노을빛 인생

내 마음
내가 알지

작은 꽃

산기슭 양지
바위틈새
뿌리내려 자란
작은 키
길마가지나무에
겨울과 봄을
넘나드는 날씨를
극복하고
매화보다 먼저
선두로 달려온 꽃이
봄맞이 합니다
향기 지닌
자생수목 봄꽃
벌 나비
겨울잠을 깨웁니다

맨발

나는
걷고 산다
숲속에 조성된
황톳길
맨발로
발걸음
걸음마다
공작새 걸음으로
오르막길 걷고
내리막길 뛰고
달려보며
마음 즐거워
행복해합니다
어린이처럼

꽃샘추위

눈 내리고
비 내림이
변덕스러운
겨울 끝자락
꽃이
봄을 알린다
복수초
얼음새꽃
황금 얼굴
시샘하는 추위에
깃을 여미며
움츠리고
움츠린다

화창한 그 날

동산
봄 향기
그윽한데
내 사랑
그 님은
보이지 않네
꽃바람
나들이
멀리 갔나봐
훗날엔
기별하고
오리라
물망초
꽃 마음을
두고
갑니다

산성을 향하여

맨발로 걸었습니다
계족산
황톳길
등산길
맨발로 달렸습니다

크고 작은
마음의 고통
해소하려고
큰 고통
달리고 달려서
작은 시름
걷고 걸어서
모두 떨쳐 보내려고

산성에 올라서니
큰 고통
작은 시름
모두 사라져

평안
평안을 누립니다

그날 이후

웃음 잃고
쓸쓸히 걷던 황톳길
옛 추억
그리워
울먹이며
터벅터벅 걷던 길

오늘은
다정한 친구
함께 걸었습니다
한 바퀴 둘레길

담소하며
나란히
나란히 손잡고
마음
즐거운
동행이었습니다

대둔산에 가다

케이블카
탑승하고
금강구름다리
출렁출렁 건너
가파른 삼선계단
손잡이 잡고
돌계단 등산길
오르고
오르니
정상 마천대
동서남북 기암 절경
가을 단풍 아름다워
정상에
오른 기쁨
평생
간직하고 싶다

두꺼비

소나기 내린 후
하늘 구름 없는 날
두꺼비 한 마리
황톳길 위에
발걸음 멈추고
인사를 하네요

당신도
혼자인 것을 알기에
나도 홀로 나왔습니다
당신의 마음
님 그리워하는
그 마음을 헤아려

님 대신
제가 왔습니다
하고 싶은 이야기
전하겠습니다
할 말이 너무 많아

오늘은 말없이 가련다

선한 두꺼비여
안녕

세심정에 오르다

단청 채색
세심정에 올라
가을 하늘
맑음을
늘 푸른 소나무
푸름을
곧게 자란 대나무
곧음을
연못수면에 비춰진
영상을 보았으니
맑고
푸르고
곧고
아름다운 마음 되도록
뉘우쳐
마음 씻고 가리라

동학계곡에서

계룡산
동학계곡
바위 돌 징검다리
하나 둘
밟고 건너
수려한 산기슭 따라
옛길 걸어본다
오르막
내리막
평탄한 길 따라
다정한 친구들
담소하며 걷노라니
즐거움 크고
행복한 동행입니다

찔레꽃 향기에

성재산
능선
등산길 따라
찔레꽃 활짝 피어
향기롭고
아름다워
먹이 찾은
벌
나비
짙은 향기 밀원에
입맞춤
분주하다
노래하는 벌
춤추는 나비
어울리어
찔레꽃 맴돌며
즐거움 누립니다

가을 다람쥐

밤 한 톨 입에 물고
날렵하게 달린다
겨울 먹이
밤톨 찾아
분주하게 움직인다
뺨 주머니 채우고
밤 한 톨 입에 물어
쪼르르 달린다
겨울먹이 창고는
보금자리 가까이
다람쥐만 아는
비밀한 곳
월동 준비하며
행복을 쌓아가는
가을 다람쥐

꽃동산

내 고향
봉황 전원마을
꽃동산에 오면
봄이면 봄 꽃
여름이 오면 여름 꽃
가을이면 가을 꽃
겨울이 오면 눈꽃으로
언제나
내게
다가와 서는
아름다운 꽃이여
내 사랑 꽃님
그리워
나 여기에 왔습니다
님 그리워
오늘도
여기 함께 있습니다

예지원 민들레

예수 향기 지닌
아름다운
네 분 자매
그리고
나

한정식
함께하며
인생을 배웠습니다

그리스도
예수 안에서의
사랑을

마음으로
사랑하고
사랑받는
아름다운
인생을 배웠습니다

나 홀로

계족산
자연휴양림
다목적 광장
이곳저곳에
연인인 듯
나란히 앉아
담소하는 모습들
아름답다
한여름
휴양
낙원의 풍경
참 아름답다
옛 생활
내 모습이
살아옵니다

여름 산

산새노래에
나뭇잎
춤춘다
햇빛 조명에
잎새
춤을 춘다
매미소리
산새노래 어우러진
클래식음악에
초록 잎
춤을 춘다

동행

등산복
등산화
모자와 배낭
세련된 차림
아름다운 모델이다

숲속
황톳길 걷는 자태
소녀의 발걸음이다

계족산성
등산로 오르는
밝은 표정
기쁨이 충만한 모습
아름다운 모델이다

목필 글씨

털옷 입은
목련 겨울눈
붓을 닮아

봄날
꽃눈으로
먹물 글씨 써봅니다

목필
운필 따라
작품이 되어

야생 꽃망울이
예술로
다가옵니다

행복

어제는
가고
다시
오지 않는 날

내일은
내일일 뿐

오늘
내가 있기에
즐거운 것
알고
사는 삶

이것이
행복입니다

작품감상

서문 완 시집 『사랑했기에』를 읽고

배인환 시인, 수필가

시집 『사랑했기에』의 저자인 서문 완 시인을 나는 잘 안다. 그는 중고등학교 동창이기 때문이다. 두 학급짜리 조그마한 시골 학교에서 6년을 같이 지냈고 한 살 차이니 모를 리가 없지 않겠는가.

그는 근동에 드물게 보이는 수재이었고 소문난 효자이었다. 그는 또한 인생을 어렵게 사는 괴짜이다. 정상인이 탐내는 일은 다른 사람에게 양보하는 스타일이었다.

한 예를 든다면 모임에서 가장 하기 싫어하는 총무를 도맡아 하고 회장은 절대 하지 않는 그런 사람이다.

학교 다닐 때는 지역 관계도 있고 그는 공부를 주로 하는 학생이고 나는 학교에서는 공부하는 티를 내지만 집에 와서는 문학작품만 읽고 잘난 학생을 철학이 없다고 무시하는 문제아이었기 때문이었다. 그도 이런 나를 좋아할 리가 없었다. 그때만 해도 우리는 따로 이었다.

그후 우리가 성장해서 같은 직종의 직업에서 근무하면서 그의 진면목을 알았다. 그래서 그가 퇴직할 때 2편의 송시를 짧은 편지와 같이 써서 보냈다. 내가 평생 쓴 송시와 헌시, 조시가 도합 20편인데, 그에게 보낸 송시가 친구에게 보낸 유일한 시이고 한 편 아닌 2편도 이해가 잘 안 가는 그 당시 나의 행동이었다.

완 선생

벌써 퇴임이라니…, 영 실감이 나지 않는군요. 선생 같은 비범한 재능과 올곧은 품성의 교사가 교단에 남아 있어야 교실이 무너지는 것을 막을 수 있는데, 떠난다니 아쉬움만 가슴에 쌓입니다.

서글픔을 달랠 길 없어 송시를 써 보았습니다. 누구에게 내놓기에 부끄러운 작품에 지나지 않지만 친구의 정표라고 생각해 주기 바랍니다. 마음 같아서는 서예가나 붓글씨를 잘 쓰는 사람에게 부탁해서 표구까지 해서 보내고 싶지만 그것이 여의치 않습니다. 좀 특이하게 2편의 시를 썼는데 퇴임식이라도 하면 식장에서 낭송하도록 부탁합니다.

그럼 행운과 건강을 빌며 이만.

2000. 2. 14. 내동중 인환

가장 어두운 밤에
꽃의 아름다움도
풀잎의 향기도 없는
아무도 가지 않는
골짜기를 평생 홀로 걸었다

한줄기 빛을 던지던 새벽 별은
먼동이 트면서
스스로가 자태를 감춘다

조선의 마지막 선비 같은
진정 이런 선생이
폭우가 휘몰아치는 지금
이 땅에 또 있을까?

깊은 바다에서 진주를 만드는 조개는
빛이 닿지 않는 어두운 동굴에서
생채기를 어루만진다.

명분과 불의 앞에
목숨으로 맞서던
선비의 기상을 지닌
한 그루 소나무는
삭풍이 몰아치는
이 척박한 시베리아의 동토에
버티고 서 있다

잘 보전된 가보처럼,
골동품의 향기가 짙게 풍기는 그는
새벽 기도 시간에
어둠 저 쪽의 샘에
홀로 두레박을 내리고
지층 깊숙한 곳에 숨겨진

검은 황금을 캐냈다.

맑은 생명수를 길어 올리던
뼈마디가 굵은 손은
깊은 산 정갈한 곳에서
아홉 번을 아홉 번 굽은 죽염을 만들어 뿌렸다.

무너져 썩어 내리는 교단에
영원을 살며
천년을 산다는 학은
계절이 바뀌어 둥지를 뜬다

묵은 등걸에서 싹을 틔우듯
백금 같은 지순한 순수는
발아하는 씨앗이 되어
훈훈한 봄바람을 타고
아이들의 가슴 깊은 대지에
민들레 씨앗처럼 퍼질 것이다.
　　-〈서문 완 선생 명예퇴직 송시 1〉배인환 시「민들레 씨앗」

선생 앞에 서면 죄가 많은 사람들은 자꾸만 부끄러워진다.
선생의 재주 앞에 서면 작아진다.
선생의 성실과 겸손 앞에 서면 대낮처럼 환해진다.
선생의 서릿발 같은 지조 앞에 서면 소금 저린 배추가 된다.
선생의 주위에 있던 동료 교사들은 편안했다.
선생 앞에 섰던 수많은 학생들은 행복해서 자꾸만 웃는다.
선생 앞을 지나쳤던 시간들은 풍요의 과일이 열렸다.

선생이 지배했던 영토는 찬란하진 않지만
박 넝쿨이 있는 초가집처럼 고향을 느끼게 했다.
선생의 장독대에는 구수한 된장이 준비되어 있다.
선생의 굵은 손마디는 남들이 다 잠을 자는 새벽에 일어나
생명수를 길어 올리고 있다.
선생은 항상 남이 가지 않는 가시밭길을 고집했다.
선생은 소금을 뿌린 몇 안 되는 스승이다.
선생은 백금 같은 순수를 지니고 있다.
선생은 이 시대 마지막 선비이다.
선생의 동산에는 기린, 학, 송, 죽, 매 등이 살고 있다.
선생의 가르침은 민들레 씨앗이 되어 멀리 날아가
아이들의 가슴 깊은 대지에 진실의 싹이 되어 자랄 것이다.
선생의 목선은 긴 항해에서 돌아와 잠시 쉬려고 한다.
잠깐의 휴식은 또 다른 출항을 의미한다.
길고 긴 기적이 울릴 듯하다.
선생이 젊은 시절에 남겨두었던 다른 길이
먼동에 희미하게 보인다.
　―〈서문 완 선생 명예퇴임 송시 2〉 배인환 시 「선생 앞에 서면」

　그에 대한 에피소드는 많지만 이만하고 시에 관한 이야기를 해야 하겠다.
　시의 감상에 대하여 시인을 알고 시를 감상하는 방법이 좋은가, 또는 시인을 모르고 그의 시를 감상하는 것이 더 좋은가? 하는 질문이 있다. 이 질문에 대한 정답은 없다. 둘 다 장단점이 있기 때문이다. 나는 전자를 이 글에서 택했다.
　시의 감상에 대해서 나는 가스통 바슐라르의 이론인 '울

림'과 '반향'을 좋아한다. 시는 울림을 주고 독자는 그 울림의 반향, 즉 메아리를 듣는다는 것이다. 호수 가운데에 돌을 던지면 물결은 호안에 닿는다.

시인은 호수 가운데에 시를 던져 파도를 만들고 독자는 호안에서 그 시의 물결을 맞이한다는 것이다.

시인은 울림을 주는 존재이고 독자는 메아리의 역할이라는 이론은 재미가 있다. 이 이론은 콜리지의 상상력 이론과도 상통한다. 콜리지는 상상력에 두 가지가 있는데, 제1 상상력과 제2 상상력이 있다는 것이다.

제1 상상력은 신의 상상력과 같아 창조적이라, 시인이 시를 쓰는 상상력과 동일시되고, 제2 상상력은 독자가 시를 감상할 때의 상상력이라는 것이다. 이 이야기는 시를 읽을 때 상상력을 발휘해야 한다는 지극히 당연한 이야기이다.

서문 완 시인이, 시인이 된 과정

대전에 금산고 3회 작은 동창 모임이 있었다. 인원이 10여 명에 불과했다. 그런데 하루는 서문 시인이 『인생』이라는 시집을 나에게 내밀었다. 가로 15.5cm 세로 26.8cm. 세로가 너무 긴 좀 불균형의 시집이었다.

나는 그가 시집을 냈다는 점에 놀라 어떻게 이 시집을 하고, 어정쩡하게 물었더니, 자기가 손수 컴퓨터로 찍어서 몇

권 만든 거란다.

　미국의 유명한 시인 로버트 프로스트는 대학시절 그의 애인과 시집을 필사해서 12권인가를 만들어 배포했다는 기사를 읽은 기억이 있다. 몰라서 그렇지 이렇게 글을 써서 자녀에게든 친구에게 배포하는 시인들이 우리나라에도 얼마든지 있을 것이다.

　시집을 펴보니 표지 바로 뒷면에 하나님 은혜로 사는 『인생』이라는 시집 제목의 책을 한권 만들어 며느리 진영에게 주었더니 읽고 난 후 글을 보내왔다.

　글을 읽고 눈물을 흘렸단다.
　슬픈 마음의 눈물이 아니고 행복한 마음의 눈물이었으면 좋을 터인데 그렇지 않고 마음을 힘들게 했거나 슬픔만을 느끼게 한 글이었다면 진영아 미안하다.
　진영아! 다시 읽고 읽을 때는 기쁨과 행복한 마음의 감동만을 느끼며 읽을 수 있으면 하는 바램이다.

　* 사랑하는 아버님

아버님
시와 수필에서
어머님도
아버님 친구들도 만나 뵙고

아버님 책 읽고
한밤을 눈물 지었어요
오늘 따로 주신 책
이소라 님이 쓰신 수필에서도
아버님의 며느리를 향한 사랑을
또 느낄 수 있어서
감사하고
죄송한 마음에 눈물 흘렸습니다.
아버님 사랑해요
　　　　－진영－

목차 앞 속 쪽에 "사랑하는 자들아 우리가 서로 사랑하자. 사랑은 하나님께 속한 것이니 사랑하지 아니하는 자는 하나님을 알지 못하느니라"

다음 쪽은 목차인데 시가 50여 편이었다. 발행 연도는 없고 12번째 시 「내 마음에 친구 되어」의 아래에 '2015. 7. 7 비 내리던 날 계족산 휴양림과 계룡산 수통골 휴양림'을 써 놓았다.

12편의 시가 하늘로 간 부인의 사진과 눈물의 시이었다.

나도 이 심정을 잘 안다. 2002년 정년에 애들 엄마를 하늘로 보내고 『라라는 블라디보스토크로 떠나고』를 냈으니 심정이 동일이다.

이어서 39편 시들도 전부가 그리움과 사랑, 그 고통을 잊기 위해 산으로 들로 다니며 쓴 시들이었다. 그리고 마지막 쪽에 「아버지」라는 딸 희의 글이 실려 있었다.

> 아버지
> 하나님 은혜로 사는 아버지
> 아버지는 참 행복한 분이세요
> 자연 속에서 하나님을 만나고
> 친구를 만나고
> 슬픔도 외로움도 치유 받고
> 오랜 시간 동안
> 견디고 인내하며
> 긍정의 힘으로
> 행복한 삶을 살아가고 계신 아버지
> 누구나 볼 수 있게
> 만들어 놓은 일기장을 볼 땐
> 마음 아플 때도 있었지만
> 말씀으로 설명해주실 때
> 밝고 즐거운 표정으로
> 이야기해 주실 때마다
> 오히려 위로가 되었지요
> 책을 손수 만드시는
> 아버지의 손을 보니
> 하나님 주신 솜씨
> 귀하고 귀하다는 생각이 들었어요
> 무언가에 또 집중하셔서
> 일하시는 모습이 참 좋았어요.
> 아버지의 삶 속에
> 함께 하시는 하나님

시와 수필을 통해
만날 수 있어 감사합니다.
이 세상에 그 누구보다도
아버지 어머니 딸로
살아갈 수 있음에 감사드리고
앞으로도 좋은 글 기대하겠습니다.
아버지
사랑하고 존경합니다
아버지께서 주신 귀한 책
소중히 간직하며
읽고 또 읽겠습니다

―「아버지」전문

진한 울림이 가슴에서 요동쳤다. 진영이의 글이 이 시집의 서문이고 희의 글이 후기로 되어있었다. 나는 친구 서문 완 시인을 우리 문학 모임인 《전원에서》에 초대했다. 그 후 계속 참석하게 했고 시를 써오게 했다. 이렇게 해서 2017년 2월 2일 첫 시집 『샘물처럼』이 발간되었다.

서문 완 시인이 아무도 모르게 발간한 시집이라 부실한 면도 좀 있었으나 먼저 시집보다는 규격이 맞고 시 한 편 한 편에 그가 손수 찍은 컬러 사진이 첨부된 고급 시집이었다. 『인생』 시집에 수록된 시가 전부 『샘물처럼』에 실렸고 진영의 서문, 희의 후기도 그대로였다. 총 편수는 83편이었다.

그 후 그는 시에 정진해서 2018년 《다시올문학》 신인상으로 선정되어 시인으로 데뷔했다.

꽃과 나무에 대한 무한한 사랑, 그 서정의 세계

앞에서 살펴본 것처럼 서문 완 시인은 2015년부터 시를 써오기 시작했다. 올해가 2024년이니까 시를 쓰기 시작한 후 10년이 되는 시점이다. 그가 시를 쓴 동기는 내가 알기로는 부인과의 사별이다. 사별한 노인들은 노년의 서글픔과 고독으로 대부분 이렇게 시인이 된다. 하고 싶은 이야기가 너무 많아 그렇다.

두 번째 시집 『사랑했기에』에는 며느리의 서문도 딸의 후기도 없고 스님의 게송 같은 하나님의 말씀도 없다. 시 한 편 한 편이 군더더기가 싹 가셔 시가 세련되어 있다. 예를 든다면 시집 『인생』의 표지 시는 74행이고 비슷한 시인 「인생 일기」는 66행이다. 장시에 가까운 시다. 그런데 시집 『사랑했기에』의 비슷한 시인 「내 인생」은 10행이다. 시집 『사랑했기에』의 시는 생략과 함축을 너무 일 정도로 많이 이루어졌다.

그의 시는 한글의 음률을 잘 살려 무리가 없고 표기가 정확하다. 시 전체에 의도적으로 구두점이 한 개도 없다. 이 점은 참 특이하다. 아마 이미지의 연속성을 표현하려는 의도라고 이해했다.

그리고 시인으로 중요한 자기 세계를 구축했다는 것이

다. 이름을 가리고 시를 봐도 그 시가 누구의 시인가를 단번에 알 수가 있다.

서문 완 시인의 시는 한마디로 서정시이다. 소재와 주제가 전부 자연이다. 꽃이고 나무고 바람이고 구름이고 산과 들이고 바다. 그는 사별한 후에 하루도 빠짐없이 산과 들을 찾고 하늘을 보고 해와 달을 보며 상처한 마음을 달래며 긍정적인 삶을 살고 있다. 그것은 자신이 오래 살고 싶은 욕심에서가 아니고 자녀들에게 폐를 끼치지 않으려는 부단한 노력임을 나는 알고 있다.

그러면서 식물을 연구하고 시를 쓰고 인생을 생각한다. 이런 시이니 서정시가 될 수밖에 없을 것이다. 또한 그의 시는 아름답다.

첫 시집 『샘물처럼』에 끝없이 써진 사별한 부인에 대한 그리움과 사랑도 이 시집에 그대로 드러나 있다. 좀 다른 점은 그리움과 사랑이 좀 순화되었다. 그러나 가끔 표면으로 그대로 표출한다.

시집의 표지 시인 「사랑했기에」를 먼저 살펴보자

몸도
마음도
생활 모습도
아름다웠던
님아

세월 흘러
지금은 밉다

나보다
먼저
가고 없는
그 하나
때문입니다

이 시는 얼마나 깊은 그리움을 표현한 것인가. 그저 적나라한 표현이다.

다음은 첫 시 「바람 타고 옵니다」를 감상해보자

하늘 구름이
낮아진 낮

단풍잎 사이로
바람을 타고

겨울이 온다
첫눈이 내린다

소복이 눈이 쌓이면
하던 일 멈추고

달려갈 곳 있는
나

설렘의 그때 그날이
살아옵니다

제목이 자연현상 가운데 가장 신비한 바람이다.
시인은 어디를 달려간다는 거지요. 그리고 그곳이 있어 즐겁고 거기에 가면 설렘이 살아온다네요. 그것도 겨울이고 겨울 중에서 시인뿐만 아니고 누구나 제일 좋아하는 눈이 쌓이는 날.
아무래도 부인의 무덤인데 이러면 좀 아이러니하다. 그러니까 하던 일을 멈추고 가는 것이다. 눈이 와 쌓여 어디라도 가고 싶은데 아내의 묘에라도 갈 곳이 있는 것은, 그마저 없는 사람보다는 좋다는 이야기가 아닐까? 이 짧은 시에 많은 이야기가 내포되어 있다. 이것이 시의 묘미이다. 이 시집에는 이런 유의 시들이 참 많다.

그럼 「황혼의 별」이라는 시를 감상해보자

있으면 있는 대로
없으면 없는 대로
권하면 듣고
행함이
마음 화평한

나이에
이르렀으니
입술 적게 열어
침묵하며
귀는 열어
듣고 삶이
현명한 비결이라
작은 미소로
마음 열어 산다

시인은 몸가짐을 늘 이렇게 한다. 이렇게 행동한다. 참다운 종교인의 처신이다. 이런 법에서 한 치도 벗어남이 없다.

「나」라는 시는

나
나는
지금
어디쯤에
있을까
걷고
뛰고
달려왔으니
종점은
분명
가까이 있으리라

내 인생
봄여름
가을 지났으니
머지않아
눈송이 되어
나는
가리라

이 시는 '나'라는 철학적인 주제를 던져준다. 이 무거운 주제를 어렵게 쓰지 않는다. 죽음을 눈송이로 은유한다. 삶에 대한 심오한 긍정이다.

「내 인생」의 시는

살다보면
아픔이 있더라

마음이 아프면
몸도 아파지더라

나만 그런 줄 알았는데
모두가 그렇더라

살다보면
이것이 인생이더라

오늘도
마음 다스려 산다

누구나 겪는 쓰디쓴 고난의 삶을 천사 같은 이 시인도 살고 있음을 표현하고 있어, 그도 역시 인간임을 고백한다.

시 「물보라」는 어떤 시일까?

심산계곡
맑은 물

청아한
물소리

춤추는
흰 물결

내 마음
물보라

흐르는
물처럼
살자한다

그는 물처럼, 그의 마음이 물보라 되어 물의 철학으로 살고 싶어 한다. 좋은 시이다.

「삶」은 어떤 시일까?

하늘 한자락 노을
동산에
뜨는 해
아침노을을 본다

최선을 다하여
성실하게
하루를 산다

저 멀리
서산에
지는 해
저녁노을을 본다

인생 한자락 순간
오늘 하루
어둠이 오면
석류빛 꿈을 꾸련다

석류빛 꿈을 꾸는 걸로 맺고 있다. 석류는 무엇의 상징인가 예로부터 석류와 포도는 다산과 풍요의 상징이라고 했다. 노년의 하루하루도 하루가 풍요로웠기를 소망하고 있다.

「마음씨」라는 시는?

나의 마음은
세모일까
네모일까
동그란 원이고 싶다

오각기둥일까
육각기둥일까
원기둥이고 싶다

나의 마음은
원뿔일까
육면체일까
둥근 공이고 싶다

원보다
기둥보다
둥근 공이고 싶다

재미있는 시이다. 누구나 자기의 마음을 볼 수가 없다. 그러나 상상할 수는 있다. 이 시인은 자기의 마음이 공이기를 원한다. 모서리가 없는 표면이 둥글어 어느 곳에서도 굴러갈 수 있는 공이 되고 싶어 한다. 사실 서문 완 시인은 공이다. 내가 보증한다.

「풍경」의 시를 읽어보자.

산새소리 산울림
물소리 졸졸

귀뚜라미 쓰르르
사뿐사뿐 다람쥐

산바람 산들바람
단풍잎 나폴나폴

으름열매 살 오르고
밤송이 때굴때굴

향긋한 솔향기
송편 빚는 엄마손 향기

정겨운 풍경
마음의 화폭에
담았습니다

이 시는 한글의 음률과 뛰어난 표현력을 잘 나타내는 시에 더욱이 추석을 맞이하는 서민들에게 고향과 나이 많은 부모를 생각하는 시다.

「뇌졸중」의 시를 읽어보자.

말이 어눌하다
작은 뇌졸중
의학적 정밀검사 결과란다
빨간 경고등이 켜졌다

긍정의 마음으로
통원치료를 받는다

그날 이후
발걸음 행보에
아 오 이 에 우
재활을 위한 소리내기 훈련이다
이제는
음성도 언어도 회복된 생활

아 아름다워야 할 내 인생
오 오늘
이 이 모습으로
에 세상에 살아 있음은
우 우연히 아니네요

  서문 완 시인도 가벼운 뇌졸중의 병을 앓고 있다. 노인이 되면 한두 가지 병을 갖고 살고 있다. 뇌졸중의 병은 사실 언제 죽음을 맞이할지 모르는 위험한 병이다. 이런 병을 앓고 있으면서도 시인은 비굴하지 않고 병을 극복하려고 노력한다. 마지막 연의 '아 오 이 에 우'에 대한 즉흥시에는 나도 모르게 미소 짓게 한다.

「마음」 시는

   내 마음
   누가 알랴

   하늘이 알고
   땅이나 알가

   아무도 몰라
   노을빛 인생

   내 마음
   내가 알지

이 시는 직설법의 시이다. 이 시에는 인간 그 자체에 대한 불만이 드러나 있다. 인간은 부조리하게 서로서로 도와야 하는 사회적 동물이지만 결국에 가서는 개인이다.

「산성을 향하여」는 어떤 시인가?

   맨발로 걸었습니다
   계족산
   황톳길

등산길
맨발로 달렸습니다

크고 작은
마음의 고통
해소하려고
큰 고통
달리고 달려서
작은 시름
걷고 걸어서
모두 떨쳐 보내려고

산성에 올라서니
큰 고통
작은 시름
모두 사라져
평안
평안을 누립니다

 이 시를 읽으면서 나는 산정으로 바위를 굴려 올려야 하는 형벌을 받은 시지프의 신화를 연상했다. 부조리의 작가 알베르트 카뮈가 회상되었다.
 우리가 이 시를 통해서 그런 곳까지 생각할 수 있는 것이 바로 시의 묘미가 아닐까. 너무 지나쳤나!

 다음은 「상사화」 시이다.

잎과 꽃
한 뿌리
한 몸인데

꽃 피어
아름다울 때
잎은 사라져

서로 볼 수 없는
꽃무릇
상사화

우리 사랑
언제까지
그리워해야하나

잎은
지고 없으니
상사화로 산다네

 이 시를 읽으면서 김돈식 선생이 생각난다. 그분이나 서문 시인은 흰 꽃 같은 시인이기 때문이다.
 전에 내가 써서 발표한 내 수필을 길지만 참고하겠다.
 1922년생, 김돈식 선생님 연세이시다. 그러니까 올해 101세인 셈이다. 김돈식 선생은 내 짝 소라가 존경하는 선생이시다. 소라는 김돈식 선생을 만나러 간다면서 우리 둘, 서문 완 시인과 나를 태워 함께 갔다. 김 선생은 100세가 넘었는데도 조력자 없이 혼자 사신다.

지난번 2019년《전원에서》15집을 발간해서 책 한권을 드렸더니 유독 서문 완 시인의 시만 좋아하셔서 같이 가는 것이다. 무슨 말씀을 하실지 궁금하다.

김돈식 선생님은 동국대 국문과 출신으로 아마 우리 나라 생존 시인 중 최고령이실 게다. 미당을 제일 좋아하신다고 말씀하신 적도 있다.

피천득 선생님은 김돈식 선생을 우리나라 마지막 서정 시인이라고 말씀하셨다고 한다.

그래서 그런지 김돈식 시인은 내 시는 너무 어렵다며 나를 시인으로 취급도 안 하신다. 그래도 나는 꽃의 시인인 김 선생님을 존경한다. 김 선생은 시인이기 이전에 원예전문가이시다. 선생님은 이곳 이천 말고 서울 사능에 12,000여 평의 석화촌 화원을 가지고 있다. 그곳 화원은 손자가 관리하는 것 같다. 우리나라에서 영산홍을 가장 많이 보유하신 분으로 알고 있다. 봄철에 선생의 화원에 가보면 영산홍이 만개해 있다

도로 주변에 이팝나무꽃이 흐드러지게 피었다. 이천은 우리가 사는 대전에서 승용차로 약 2시간 남짓 걸린다.

원적산 기슭에 있는 선생의 화원은 꽃들의 천국이다. 선생은 나무 아래서 허름한 옷을 입고 풀을 뽑고 계셨다. 인사를 드렸더니 내일 온다고 해놓고 왜 오늘 왔느냐고 말씀

하신다.

　노인성 청력 약화로 의사소통이 제대로 안 된 것이다.

　선생의 화원에는 희귀한 흰 꽃이 많다. 백옥의 백모란꽃이 활짝 피었다. 흰 꽃잔디도 피었다. 백철죽도 피었다. 흰 매화도 피었다. 하얀 히야신스, 하얀 해당화도 있단다.

　선생은 서문 시인의 이름을 기억하고 있었다. 선생의 시나 서문 시인의 시는 흰 꽃 같은 시다. 두 분은 그런 의미에서 많이 닮았다. 선생은 서문 시인에게 시를 몇 년이나 썼느냐고 물으신다. 서문 시인이 이제 겨우 2년 되었다니까? 깜짝 놀라시며 2년 써서는 그런 시가 나오지 않는단다.

　내가 옆에서 거들었다. "선생님, 오래 쓰셨어요." "그럼 그렇지." 하고 말씀하신다.

　우리의 동인지 『가끔 흔들린다』를 가지고 나오시더니 서문 시인의 시 「상사화」를 펴고는 말씀하셨다.

　대단하시다. 선생님은 일제시대에 공부를 하신 분이다. 하이꾸도 많이 외우시고 한시와 우리 시도 100편씩은 외웠는데 많이 잊어먹었다고 말씀을 하신 적이 있다.

　곧 시집이 나온다고 말씀하셨다.

　"선생님, 봄에서 가을까지는 꽃과 이야기도 하고 거름도 주시고 하시면서 놀다가 겨울에는 무얼 하셔요." 하고 말씀드렸더니 겨울에는 "시 쓰지" 하신다. 내년이면 102세이신데 아직도 서슴없이 이런 대답을 하시는 시인이 과연 있을까?

선생님은 진정 프로 시인이시다. 나는 흰 꽃의 시인인 선생님을 존경한다.

다음 시 「행복」은 시집의 후기이다.
시인은 시를 통해서 행복한 생활을 하고 있고 하려고 노력한다고 한다.

어제는
가고
다시
오지 않는 날

내일은
내일일 뿐

오늘
내가 있기에
즐거운 것
알고
사는 삶

이것이
행복입니다

「서문」은 역시 사랑이다.

   은혜와
   사랑으로
   살아갑니다

   2024년 가을
   서문 완

결론
 이 글은 서문 완 시인의 시집 『사랑했기에』에 대한 평론이 아니다. 시인에 대한 소개이고 시집에 대한 한 독자로서 감상이다. 이 시집을 읽는 분들에게 조금이라도 도움이 되면 좋겠다.

2024년 10월
빈계산 기슭 집필실에서

이든시인선 149

사랑했기에
ⓒ 서문완, 2024

발행일	2024년 11월 05일
지은이	서문완
발행인	이영옥
펴 낸 곳	도서출판 이든북
출판등록	제2001-000003호
주 소	대전광역시 동구 중앙로 193번길 73
전화번호	(042)222-2536 | **팩스**(042)222-2530
전자우편	eden-book@daum.net
카 페	https://cafe.daum.net/eden-book
공 급 처	한국출판협동조합
	전화 (02)716-5616 (031)944-8234~6

ISBN 979-11-6701-314-9 (03810)
값 11,000원

* 이 책의 판권은 지은이와 이든북에 있습니다.
* 이 책 내용의 전부 또는 일부를 재사용하려면 반드시
  양측에 서면 동의를 받아야 합니다.